作者序

劉自仁

　　台灣的民間信仰，豐富而多元，形成相當精采的文化，四處分布著大大小小的廟宇，可謂「三步一小廟、五步一大廟」，其中除了早年先民渡海來台，隨身攜行的原鄉神明香火在各地落地生根，開枝散葉之外，還有不少是歷經數百年來的民變衝突，為了保家衛民所犧牲的英雄崇拜，因而流傳下來的許多「奇廟」故事。

　　如今，藉由文字影像將這些特殊的人神傳說記錄下來，撰寫成書，就是希望能讓這些故事繼續流傳下去，當然，整個台灣的「奇廟」故事不可能只有這寥寥數篇，所以這本書只是個開端，期許未來能為台灣執筆紀錄更多故事。最後，這本作品，或有疏失之處，也期望各界先進前輩們不吝指正。

目錄

廖品娘傳奇

南屯萬和宮

地址：台中市南屯區萬和路一段 51 號
電話：04-23893285

一大早。

天才微微亮。

晨曦都還沒爬上山頭，只在稜線滾出一道金邊。

只見賣胭脂水粉的「什細古」（雜貨郎）已挑著擔，走在趕往西屯的路途上。

而這時，忽然迎面走來了一個人。

南屯萬和宮

老二媽廖品娘

等走近一看，他才發現竟是位姑娘家。

那麼早，這姑娘要上哪兒去啊？

什細古的心裡不禁暗暗嘀咕，但他並沒有因此停下腳步，只是專注地看著對方持續的接近中。

卻見那姑娘似乎也正瞧著自己，而且清麗的臉龐上，還帶著一抹淡淡地微笑。

什細古禮貌性也相視一笑，然後兩人就這樣從容不迫地靠近、從容不迫地擦身而過。

但就在這時，那位姑娘卻忽然回過頭喊住了他：「這位小哥，麻煩請留步！」

什細古：「怎麼了姑娘，想要買胭脂水粉嗎？」

那姑娘：「不是，是小女子有個不情之請，想勞煩這位小哥幫個忙。」

什細古：「不打緊，妳說，看我有什麼可以幫得上忙的？」

萬和宮「德娘娘皇」匾

那姑娘：「多謝這位小哥。」

什細古：「甭客氣，說吧！」

那姑娘：「是這樣的，小女子名叫品娘，家就住在西屯，想託小哥代我傳個話給父母，說我為了趕去犁頭店（今南屯），就這樣不辭而別，還望父母原諒，門前桂花樹下埋有龍銀二元，是我孝敬他們的，若之後有什麼事，可以來萬和宮找我，女兒拜別。」

什細古：「請問姑娘的府上是？……」

廖品娘：「大魚池的廖家。」

什細古：「喔，原來是廖員外的千金啊，妳放心，我一定幫妳把話帶到。」

廖品娘：「多謝這位小哥。」

什細古：「都說別客氣了。」

廖品娘：「那小女子這就告辭了。」

　　於是品娘微笑著丟下了這句話後，便頭也不回的轉身離去。

　　什細古看著她漸行漸遠的背影，不禁感嘆道：「唉，真是『女大不中留』啊……」

　　原來，什細古把品娘當成是為了與情郎私奔而離家出走的少女。

　　所以，這下子換他傷腦筋了，該要怎麼去跟品娘的父母親說才好呢？

　　就這樣，他邊走邊想，不知不覺便走到了西屯，來到了廖家。

　　於是什細古輕輕叩著門，低喚：「有人在家嗎？」

　　沒多久，就聽到有人喊道：「請問是哪一位？」一邊問還一邊伸手打開了大門。

　　什細古：「我是賣什貨的什細古。」

老管家：「請問有什麼事情嗎？」

什細古：「請問這裡是廖府嗎？」

老管家：「是啊，這裡是廖府沒錯。」

什細古：「那府上的小姐，可是叫做品娘？」

老管家：「對啊，是我們家小姐沒錯。」

什細古：「這就對了，她一早在前往犁頭店的路上，託我帶個口訊給員外。」

老管家：「是我們家小姐嗎？你確定？」

什細古：「是她親口告訴我她姓啥名誰家住哪裡的，怎麼可能會錯！」

廖員外：「阿福，怎麼回事？門外是誰，為何不請進來說話？」

老管家：「老爺，是賣胭脂水粉的什細古，他說小姐託他傳話！」

廖員外：「亂講，品娘明明就還睡在房裡，怎麼可能在外頭遇得到她，分明是胡說八道，把他攆走！」

什細古：「廖員外，我說得可是句句實話，真的是你家小姐託我跟您說，她要趕去犁頭店才會不告而別的，希望您能見諒，還說門前桂花樹下埋有龍銀二元，是要孝敬您和夫人的，若以後有什麼事，可以去萬和宮找她，話我已帶到，信不信由你，告辭。」

廖員外：「慢著，我倒要瞧瞧你說的是真是假，來人，去請小姐出來。」

8

萬和宮關聖帝君

小婢女：「是，老爺。」

廖員外：「若是我女兒在家，我就看你怎麼跟我解釋。」

小婢女：「老爺，不好了、不好了！」

廖員外：「怎麼了？」

小婢女：「小姐她......」

什細古：「你看，我就說她不在吧！」

小婢女：「不是，是小姐她......」

廖員外：「她到底怎麼了，妳快說啊？」

小婢女：「小姐她......她死了！」

什細古：「什麼！」

這下可糟了！

什細古成了殺害品娘的頭號嫌疑犯。

千里眼將軍

雖然他極力的否認，而且在門前的桂花樹下，也確實挖到了龍銀兩元。

　　但這些都是可以捏造作假的，並不能證明他所言不虛。

　　因此，除非什細古真能在萬和宮內找到品娘，否則他恐怕就得揹上殺人的罪名，被判處死刑。

　　可是，人死怎麼可能復生！

　　萬和宮內又豈能找得到品娘？

　　簡直是癡人說夢。

　　不過，為了慎重起見，官府還是押著什細古，帶著品娘的父母，一起到了犁頭店的萬和宮。

　　廖員外：「你說到萬和宮就可以找著我女兒，她人在哪兒，在哪兒啊？」

　　什細古：「她真的是這麼說的呀，我怎麼知道她已經……」

　　廖員外：「分明就是你殺了我女兒，我要你償命，請媽祖婆作主，一定要為品娘申冤啊！」

　　沒想到，當品娘的父母一跪在媽祖面前磕頭時，昨日才新刻好剛安座的「老二媽」左眼竟流下了一滴淚珠。

　　在場所有人都為此震驚不已。

　　這時，品娘的父母才明白什細古說的都是真的，品娘真的出現了，正是眼前的這尊「老二媽」，祂就是品娘！

　　原來，當時正值清嘉慶八年（西元 1803 年），萬和宮將台灣北路營參將張國，在清康熙二十三年（西元 1684

順風耳將軍

年）由福建湄洲恭請來台的「老大媽」聖像奉為鎮殿媽祖，另再增塑一尊「老二媽」聖像，以供民眾迎請朝拜。

因此，品娘於前晚的睡夢中安然溘世之後，魂魄一大清早便前往犁頭店萬和宮，附靈在尚未開光點眼的新刻「老二媽」聖像中，從此成為鎮殿「老大媽」的副手，代為遶境各鄉鎮。

但成神的祂，見自己的父母前來看祂，心裡還是非常的不捨，所以才會流下眼淚來。

而也正因為這樣，才得以洗刷什細古的罪名，還了他的清白。

但從此之後，二媽祖滴下的那一粒淚珠，便永遠停留在臉頰上，至今仍清晰可見。

這是台中歷史最悠久，於康熙二十三年（西元 1684 年）初建在昔日打製犁頭等農具店舖聚集的「犁頭店街」，並且與北屯的南興宮、東區的樂成宮、中區的萬春宮，同列為台中四大媽祖廟之一的南屯萬和宮，最膾炙人口的傳說故事，也被列為犁頭店媽祖的神蹟之一，因此自嘉慶八年之後，南屯萬和宮就與西屯大魚池結下了這一段不解之緣，所以每年西屯廖姓家族都會迎請「老二媽」，也就是他們口中尊稱的「老姑婆」回到故鄉大魚池遶境，但現在已改成每三年一次，是台中地區相當盛大的宗教民俗活動。

八寶公主

墾丁萬應公祠

地址：屏東縣恆春鎮大灣路 126 號

　　據《恆春縣志》載：「同治初年，有外國番船一隻，遭風飄至鵝鑾一帶，被龜仔角番戕殺多命。內有番女一名，其上下牙齒，不分顆數，各連一排。龜仔角番見而異之，懸首示人。嗣該船逃回本國，興師復仇，至鵝鑾鼻、大坂坮一帶，荊棘滿山，四無人蹤。一日，聞雞鳴聲，遂發兵

墾丁萬應公祠

墾丁萬應公祠

通道,尋聲而進。得龜仔角社,戮番人,無噍類。走脫孕婦一人,延續至今,亦僅三、四十番。故社中,禁不畜雞。相傳被殺番女,為該國公主云云。」

所以,相傳在清同治初年(亦有傳說是明末清初),荷蘭公主「瑪格麗特」為尋找組隊去卑南探金的愛人「威雪林」而遠渡重洋來到了台灣,沒想到船隻正準備通過巴士海峽前往台東,卻在行經大灣(即南灣)時,忽遇風浪而觸礁擱淺。

船員發出求救煙火,反倒引來當時居住在龜仔角(今社頂公園)部落的原住民襲擊,船員無一倖免,全數罹難,而本來不殺女子的原住民,卻因其中一名勇士嫉妒別人獲得的戰利品比他多,於是又折回海邊,恰巧碰上原已逃過一劫的瑪格麗特,勇士為了顏面,因此殘忍地襲殺了瑪格麗特,並奪走她身上的物品。

就這樣,為了尋找情郎的瑪格麗特,萬萬也想不到自

八寶公主

荷蘭木鞋

己會喪命於台灣，並隨著船骸而埋在沙堆中長達一百多年，直到民國二十三年（西元 1934 年）的日據時期，當地居民無意間發現骨骸，原本以為是無主孤魂，就買甕裝入，置於萬應公廟內供奉，沒想到幾年後，當地的乩童竟然無故起乩，並且口出荷蘭語，眾人一陣錯愕，趕緊找人來翻譯，才知道這骨骸原來是當年遇害的荷蘭公主「瑪格麗特」，這段故事也才因此被揭露，而由於發現瑪格麗特的骨骸時，還找到荷蘭木鞋、絲綢頭巾、珍珠項鍊、寶石戒指、皮箱、寶石耳墜、羽毛鋼筆和紙等八項物品，所以當地居民就稱祂為「八寶公主」，並在萬應公廟旁建起「八寶宮」加以奉祀。

但實際上，據撰寫台灣史小說《福爾摩沙三族記》的陳耀昌博士依《恆春縣志》推論，認為八寶公主應該就是同治六年（西元 1867 年）三月九日所發生的美國商船羅發號（Rover，又譯羅妹號）觸礁事件，而遭到當地原住民所

墾丁大灣

殺害的船長亨特‧漢特（J. W. Hunt）的夫人。

　　當時羅發號自汕頭開往牛莊，途經台灣海峽時，遭颱風吹襲而導致漂流至屏東七星岩觸礁沉沒，遇難船員於獅龜嶺海岸一帶的潭仔灣登陸上岸，誤闖排灣族領地，被誤認為侵略者，而被龜仔角社原住民襲擊，船長亨特‧漢特（J. W. Hunt）夫婦等十三人遭「出草」殺害，唯一倖免於難的是一位粵籍華人水手，他後來輾轉逃至打狗（今高雄），才向當地清廷官府求援。

　　但由於清廷對無法管轄的「生番」，向來以不歸王化為理由不願介入，後來美國領事只好委託英艦柯爾摩號調查羅發號罹難事件，於三月二十六日由艦長博德少校率艦抵達南岬（今鵝鑾鼻一帶），乘小艇欲登陸之際，卻也一樣遭到龜仔角社蕃人攻擊，其中一人負傷，於是趕緊登船折回打狗。從此美國領事確定羅發號是遭台灣原住民所殺害，一方面向清廷抗議，一方面與瑯嶠十八社展開雙邊對

墾丁萬應公祠

談，最後在英國探險家兼通譯畢麒麟（William Alexander
Pickering）的斡旋下，終於在該年九月底，於現今恆春東
門外的出火坑達成協議，與瑯嶠締結「南岬之盟」，由番
社大頭目卓杞篤保證，日後不再殺害西洋船舶海難人員，
而同時英美等國則強烈要求清廷於鵝鑾鼻建立燈塔，藉以
保障西洋人航海安全。

　　之後，可能是因為韓特夫人的遺物的關係，當地才開
始流傳「八寶公主」托夢建廟的故事，而現存於車城福安
宮左邊的一塊清朝鎮台總兵劉明燈所題的石碑也見證了這
一段歷史。

　　但這件傳說卻沒有到此落幕，反倒在當地持續延燒著，
因為在民國九十七年（西元 2008 年）七月間，屏東一名
八十二歲的老婦人「洪林對仔」，在墾丁社頂山區走失，
而被尋獲時，宣稱自己是遇到了一位金髮碧眼的「女魔神
仔」，把她帶到山裡頭亂轉，之後她也因此罹患重病，而
住進了醫院。

八寶公主

當地居民一聽，便隨即聯想到這個「女魔神仔」，應該就是「八寶公主」，而且眾人認為這是瑪格麗特要回來索命，報百年之仇的開端，所以當時鬧得社頂地區人心惶惶。

　　於是，他們趕緊請示神明，果不出所料，瑪格麗特是特別回來報仇的，要讓社頂部落死十個人，那一年社頂部落也確實很不平靜，半年來已有九人因故死亡，但還有一個名額會是誰？這讓社頂地區人人自危，也逼得部落在中秋期間，趕緊舉辦超渡法會，請來恆春鎮大光里觀林寺的觀音菩薩當公親、關山高山巖的土地公，以及當地三奶宮的三奶夫人作見證，要與八寶公主和解。

　　於是就在眾神的見證下，法師帶領著村民口唸「解冤釋結書」，念完之後燒給天庭存證，然後由法會總幹事多次擲筊，但八寶公主都不領筊，最後應允是「日後每年農曆七月十五日，部落需備三牲蔬果祭拜」，八寶公主才點頭願意和解。

　　從此，八寶公主是否真的得到了安息，就不得而知了，但最重要的是，當地居民總算是了卻一段祖先留下來的恩怨，而且這故事，相信會永遠在墾丁社頂部落繼續流傳下去。

墾丁萬應公祠

田心英雄好漢兄

安田祠

地址：台中市大安區台 61 西濱快速公路旁，東西一路涵洞附近

世間有許多意外是可以避免的。

但往往都是因為疏於防範，才會導致意外不斷地發生。

甚至演變成不可收拾的災禍。

田心庄居民遇到的情況就是這樣。

台中安田祠

24

好漢兄神位

安田祠「英雄好漢」匾

當時正值清末。

由於朝廷腐敗，導致政局相當地混亂，各地更是天災人禍不斷，盜匪也因此趁勢而起，燒殺擄掠，打家劫舍，無惡不作，也無所不為。

所以百姓只好人人自危，家家戶戶無不作好了防備，甚至組織民團，以求自保。

但惟有位於台中大安的田心庄民，卻依然故我，完全不做任何的準備。

原因很簡單。

因為他們自認為田心庄乃是一偏僻窮困的小漁村，應該不致會引來盜匪的覬覦吧。

然而他們錯了。

原因也非常簡單。

安田祠正門

因為意外往往就是出乎人意料之外。

所以過沒多久，盜匪就來了。

而且不止是來了，還帶著大隊人馬前來！

光聽那聲勢，就算沒有千軍萬馬，至少也有百來餘人，正鋪天蓋地，捲湧而來。

嚇得村民紛紛四處逃竄，連忙躲回屋裡，急急地掩上了門窗。

但沒用，只見數十名凶神惡煞般的盜匪，已先越過了竹籬，來到了各家屋前粗暴地嗆喝道：「開門！」緊接著就聽到房門被急促地拍打著。

正當村民還瑟縮在角落，怕到不知道該怎麼辦才好時，忽然「砰」地一聲，木門已被盜匪一腳給踹開！

這下子村民們除了尖叫之外，就只能尖叫了嗎？

錯。

安田祠

　　其中一位姑娘，竟從懷裡抽出了匕首，指向了那盜匪。

　　而那盜匪見狀，卻微微一笑，似乎並不擔心這姑娘手中的匕首會傷害到他，反倒是被這姑娘清麗的模樣給吸引了過去：「別怕，我不會傷害妳，快把刀放下。」

　　但那姑娘並沒有聽到盜匪的話，仍挺著匕首，刃尖在顫抖，縮著身子：「你……你別過來！」

　　盜匪卻涎笑道：「好，我不過去，妳快把刀放下。」說著卻又迫前了幾步。

　　那姑娘只好又後退了幾步，但鞋履已碰到了牆壁邊，她不禁回頭一看。

　　盜匪見機不可失，向姑娘疾撲了過去，沒想到她卻驚呼一聲，猝然劃出了一刀，正好劃中了盜匪的臉。

　　盜匪怒痛攻心，一刀便往那姑娘斬去！

姑娘避無可避，退無可退，只有坐以待斃。

但她並沒有死，因為那一刀砍到一半就停了。

為什麼停了？

原來就在這個時候，突然在盜匪身後出現了一隻手。

一隻粗壯的手。

這一隻手出手一扣，就硬生生地扣住了盜匪持刀的手。

所以這一刀才沒砍著了那姑娘，要了她的命。

那姑娘不禁目瞪口呆，不知從什麼時候起，一個魁梧大漢已潛至那盜匪的身後，及時替她攔阻了這一刀，化解了她的危機。

而這時盜匪也乍見有人出現在他身後，既驚又愕，連忙回過頭去瞧是誰，沒想到才一轉頭，就見一個偌大的拳頭擂了過來。

只聽「砰」地一聲，就見盜匪捂著滿口是血的嘴，當場不支地蹲了下去。

這時那大漢左腳一抬，又朝他的臉門踹了下去：「我不想殺你，滾！」

盜匪只好咬著牙，強忍著劇痛，連滾帶爬地從門口落荒而逃。

大漢則趁此機會，趕緊對一旁早已嚇得手足無措的姑娘們說：「這裡有我擋著，你們趕快離開這兒去報官，快！」

但那姑娘乍見一個猶若天神般的陌生大漢，就這麼冒出來解救了她，似乎還不太敢相信地怔了一怔。

而其他人更是一臉茫然地朝他這邊望了過來。

大漢見狀不禁叱喝道：「你們還在發什麼愣，快走！」

那姑娘這時才回過神，滿懷感激地說：「恩公救命之情，小女子沒齒難忘，敢問尊姓大名，日後定當報答？」

沒想到大漢卻說：「區區小事，何足掛齒，你們還是趕快逃命要緊！」

可見他一不求感謝，二不圖回報，完全就是路見不平，才拔刀相助的。

但那姑娘仍不死心：「可是，知恩豈能不報……」

沒想到話才說到一半，那些被打跑的盜匪卻又去而復返，而且還帶了更多的賊人前來。

「快走！」大漢為保護村民安然離開，出手不再留情，將所有衝上來的歹徒一一擊斃。

那姑娘這才驚覺過來，連忙趁隙逃出，但仍不忘回過頭揚聲說：「恩公，你的恩情，小女子一定會報的！」

可是盜匪愈來愈多，即使大漢神勇過人，武藝高強，也斷斷應付不了為數這麼眾多的盜匪。

無論是誰。

誰也不能。

但這個時候，除以命拚命，拚個你死我活之外，還有什麼路可走？

沒有了。

只這條路可走。

所以他豁出去了。

就算是死，也要多拉幾個來當墊背的。

因此他一路衝了過去，每十拳至少殺三人，但每殺三人，他身上至少就多了五道傷痕。

可是壯漢卻愈戰愈勇，絲毫不落下風，但無奈盜匪實在是太多了，已超乎他可以應付的極限，再加上傷勢越來越重，最後終因寡不敵眾而落入敵手。

只見他身上被粗硬的麻繩綁了兩圈，兩條手臂也被扎扎實實捆在背後，渾身布滿了傷痕，連衣下滲出的血，也是每分每秒都不停在往外擴散著。

可是，他臉上仍掛著滿不在乎的笑，彷彿被縛的不是他，被綁的也不是他，連所受的傷也跟他無關。

匪首：「你這傢伙，竟敢壞了本大爺的好事，我要你不得好死！」

大漢：「呸，你這狗賊，要殺要剮，悉聽尊便。」

　　匪首：「好，我就慢慢地整治你，讓你求生不得，求死不能。」

　　大漢：「那正好，我就跟你慢慢地耗，看到時官兵來了，是你們死得比較難看，還是我比較難看？」

　　匪首：「你......你這傢伙，死到臨頭了還嘴硬，給我打！」

　　盜匪們毫不客氣地對他開始拳打腳踢，但他連吭也沒吭一聲，全都承受了下來。

　　但過程中，他還是有好幾次因失去意識而跪趴在地，可是後來又給人打醒了。

　　恍惚中，他看著地面上因自己喘氣所激起的沙塵，於是他強忍著疼痛想要撐起身子，但又被人一腳踹中了頭，意識再度陷入模糊，卻聽到有人開口說：「老大，不好了不好了，官兵來了！」

　　匪首：「怎麼可能這麼快！」

　　嘍囉：「老大，現在該怎麼辦？」

匪首：「這還用問，當然是扯乎了！」

嘍囉：「那他怎麼辦？」

匪首：「宰了！」

只見嘍囉拔出刀，朝躺在地上已經不會動的大漢說：「得罪了……」

隨即捅了過去，一截刀尖自他的身軀透體貫出。

大漢抬起頭用失神似的眼神看著那盜賊，嘴角還微微帶著微笑，彷彿感謝他讓自己得到了解脫。

接著那盜賊一抽刀，血箭就從大漢的胸口激射而出，身軀跟著重重地摔在地上，再也動也不動。

待那姑娘及村民帶領著大批官兵趕到時，盜賊們早已不知去向，映入眼簾的只剩下手腳被捆縛的大漢，已氣絕身亡的倒臥在血泊裡。

那姑娘看到了相當難過，畢竟這大漢是為了救她們才慘遭殺害的。

於是，那姑娘及村民感念其捨己助人、挺身相救之恩，因此就將他葬於捐軀之處，還集資蓋了間小祠奉祀，但由於不知其名，所以便尊稱祂為「好漢兄」，更稱此地為「打死人埔」。

民國八十六年（西元 1997 年），西濱快速道路動工，「好漢兄祠」正好就位於該路段上，於是由公路局補助及村民集資，將小祠遷移至現址重建，並經田心庄鎮安宮的蘇府王爺敕名為「安田祠」，才使得「好漢兄」的英勇事蹟能夠繼續流傳於世。

盜俠
朱伯公祠

地址：高雄市大寮區民義街 17 號

　　這人步履穩重，虎虎生風，每走一步，彷彿地板都快被他給踏裂似的。

　　在這兒，他可是位很有威嚴、也很有權力的人。

　　他不是別人，正是鳳山富豪陳員外府裡的護院總管。

　　而他能有今天的名聲地位，能每個月都有薪俸可拿，全憑著他自己一身武藝換來的。

朱伯公祠

朱伯公牌位

曹公圳後庄支圳

　　若不是靠著他手中這口「九環刀」，才使得近年來再也沒有盜匪敢打「鳳山陳家」的主意，不然哪有現在清閒的日子可過。

　　但也因為這樣，只要每遇陰雨不定的天氣，他身上十七、八處舊傷內創都會跟著痠痛起來，不禁讓他想起當年那段在江湖上舔血的日子，就覺得感慨萬千！

　　所以能活到現在已經很不容易，能像這樣早上練練拳，晚上喝喝酒，享了好幾年的清福，更是不容易，但如此的日子卻已經不再，因為最近冒出了一個被稱之為「盜俠」的飛賊，把整個鳳山縣鬧得天翻地覆、滿城風雨。

　　聽說這傢伙在一個月內就做了十幾件竊案，而且全都是他自己一人幹的，使得陳員外不得不請他親自出馬，不然他根本不需要再扛起這口二十幾斤重的「九環刀」出來夜巡了。

朱伯公祠福德正神

朱伯公祠

因此，要是今晚那個什麼「盜俠」真敢來的話，一定要讓這小兔崽子見識見識他的厲害，好讓眾人知道，他可是不好惹的。

於是他提著燈籠走在簷廊上徐徐前行，環顧四周有沒有任何一絲地風吹草動。

而他一向是個非常謹慎的人，所以每隔七、八步，就有個由他親手訓練出的護院，標槍般的執刀挺立在旁，為了就是要能做到滴水不漏，就算是隻貓也竄不進來的地步。

但只有一個地方，是任何人都不能妄入的。

那就是陳家的帳房。

而他現在就逐漸地朝那裡走去。

既然陳家是個富裕的大戶人家，自然家中就會有個收

朱伯公祠

藏金銀財寶的機密重地，而這個地方就在帳房裡，所以這裡也是他巡邏重點中的重點之處。

　　當然，這裡的門都會上鎖，只有身為護院總管的他，才能讓陳員外如此放心的把鑰匙交給他，他也才可以進入。

　　因此當他打開第一道鎖，推開門走進去，就覺得陰暗的長廊裡沉肅安靜，若再多待一會兒，恐怕就會感到森羅可怖了。

　　但由於職責在身，他還是得進去巡察，所以他穿過長廊，到了帳房，便開啟第二道門鎖，找到虛掩的櫥櫃，推了開來，便見著那通往庫房的石壁之門。

　　終於他打開那第三道由名匠特別配製的門鎖後，一手推開了門，忽然一陣陰森森的冷風，撲面而來。

朱伯公祠

　　這裡正如世上絕大多數的金庫一樣，猶如墳墓一般。

　　只不過墳墓裡還有死人，而這裡面卻連一隻死老鼠也沒有。

　　但沒想到，這次他一走進去，竟赫然發現有一個人就在裡面！

　　而且還是一個活人。

　　只見那人蒙著面，不僅衣黑、褲黑，渾身上下沒有一處不是黑的，而且黑得沒有一絲光澤，就像融入黑暗中的黑影一般。

　　若不是那銳利眼神，在一片漆黑中閃閃發亮，不然他還真難瞧出對方的存在。

　　護院總管作夢也沒料到會發生這種事，他簡直不敢相

朱伯公祠與曹公支圳

信自己的眼睛。

　　但當他正努力想保持冷靜時，心中卻湧起另一種想法告訴他：

　　莫非這人是鬼？

　　否則除了鬼以外，還有誰能進入這地方？

　　他忽感到一陣背脊發涼，由身體的最深處冒出一股寒意，忍不住打了個哆嗦，但仍強自鎮定地問道：「你...你是人是鬼？是怎麼進來的？」

　　那人並沒有抬頭，只淡淡道：「我是人，而且我是誰，你難道不知？」

　　「難不成你就是......」護院總管接著驚訝地叫著對方的稱號：「『盜俠』？！」

鳳山平成砲台與曹公圳

　　那人點點頭，道：「沒錯，所以你覺得我應該是怎麼進來的呢？」

　　護院總管知道對方是人，而且正是他所要緝捕的對象後，膽子也跟著大了起來，不但不再懼怕，還冷笑道：「真是天堂有路你不走，地獄無門闖進來，本大爺就叫你來得去不得，看招！」

　　笑聲突頓，刀已出鞘，猛然就朝對方肩頭砍下，力道十足，氣勢駭人。

　　這口九環刀雖然不是什麼神兵利器，卻重逾二十幾斤，何況護院總管在這口刀上，至少已浸淫了四十年的苦功，一刀砍下，就算沒被劈死也被砸死。

　　而且對付這樣的宵小，根本用不著講什麼江湖道義的，也不必講究什麼武林規矩，所以他一出刀就是絕招，一出

曹公廟神龕

手便是殺招，毫不留情，也完全不留餘地。

　　只是沒想到，面對眼前的刀光襲來，盜俠卻不閃不避，既沒有尋找掩護，也沒有找任何事物作為防禦，眼看二十幾斤重的九環刀，已夾帶著風聲削了過來，他卻在這猝然之間，忽快得似蛇遊一般，沒聲沒息的從護院總管刀下倏然滑了過去，竄到了身後。

　　盜俠瞬刻不停，搶出門外，還順手把門給關上。

　　沒有人能形容這種速度，幾乎也沒有人看到他是怎麼竄出去的。

　　所以待護院總管發覺不對已來不及了，趕過去時，門早從外面關了起來，把他反鎖在裡面。

　　任憑護院總管不斷地拍門吶喊，但盜俠卻不搭理他，

鳳山縣令曹謹

逕自遁入濃密的黑暗中，揚長而去。

某日。

府城門外一排簡陋的草寮前。

朱秋已躺在剃頭擔的竹榻上，闔目靜靜地在等候。

但他並非府城居民，而是鳳山縣小竹里後庄村人，因為和妻子在當地經營著小本生意，所以偶爾會來府城採買，就順便來剃頭擔剃頭，卻因此與剃頭師一見成主顧，更成了無話不談的好友。

剃頭師邊磨著剃刀邊問說：「朱秋，你在鳳山可曾聽說過一個人？」

朱秋仍闔著眼：「誰？」

剃頭師磨剃刀的手停了下來：「盜俠。」

曹公廟正門

　　朱秋還是闔著眼：「聽是有聽說過啦，不過不就是個飛賊嘛，有什麼好了不起的。」

　　剃頭師嚷道：「什麼飛賊，他可是轟動武林、驚動萬教的義俠，連我們府城這裡都聽過他的名號，近來最出風頭的人，就是他了！」

　　「喔！」朱秋這才睜開眼道：「聽你這麼說，似乎跟他很熟囉？」

　　「我......我怎麼可能會認得他，」剃頭師侃侃而談：「不過，我知道他並非翻戶即竊、見人就偷的一般宵小，他可是有他的原則在，非富即貴不偷、非奸即惡不盜，所以他向來都以劫富濟貧為志業，專找那些有錢無德的奸商下手，然後將大部分竊來的錢財，利用夜晚暗中送到各個貧戶去，所以，許多貧苦人家在得到他的救濟之後，都十分感激他，

曹公廟大殿

因而尊稱他為『盜俠』……」

朱秋卻嘆道：「唉，那是因為鳳山雖有良田萬甲，但一遇乾旱，收成欠佳，即遭大荒，使得百姓民不聊生，可是官府卻不知疾苦，未興水利，還橫徵暴斂，土豪惡紳多與之倚勢為奸，從中謀利，強增田賦，壟斷市場，所以才會有像『盜俠』這樣人物竄起。」

剃頭師聽了，就說：「是啊，所以無論世間有多少不平之事，天下又豈無仗義行俠之人，官府不管，不代表就沒人過問，像前陣子聽說『盜俠』就神不知鬼不覺地竊了鳳山那為富不仁的陳員外家，盜走了上千兩銀票，還有不少金銀珠寶，以及幾幅價值連城的珍藏字畫，陳員外為此震怒不已，不僅報官發布海捕公文，還另外開出五百兩重金懸賞，死活不論，誓必緝拿『盜俠』歸案，你看，很了不起吧！」

鳳山曹公廟

曹公廟「玉旨」匾

　　躺在竹榻上的朱秋瞇起眼眸，對剃頭師笑吟吟說：「看來，你挺佩服他的嘛。」

　　剃頭師也毫不諱言：「何止佩服，簡直是崇拜到五體投地！」

　　朱秋故作神祕兮兮的問：「哦，那如果我告訴你，我就是他咧？」

　　「你！？」剃頭師先是懷疑，後是不信，接著直搖頭說：「別開玩笑了，怎麼可能......」

　　「我可沒跟你開玩笑喔，」朱秋知道他一定不信，於是自襟內掏出一串東西，拎在手上給剃頭師觀看：「你瞧瞧這是什麼......」

　　剃頭師帶著滿腹疑惑的表情湊上前去，接著他側過頭

對朱秋問道：「這不就是串鑰匙嗎？」

朱秋桀桀笑道：「對，但這串鑰匙，可是我從陳員外家的護院總管身上盜來的！」

剃頭師瞪著一雙虎虎的牛眼：「難道你真的是......」

朱秋聽了之後，不禁得意地笑了起來。

用高聲的狂笑回答了他的疑惑。

但他笑聲一斂，隨即以不知是開玩笑還是當真的語氣，對剃頭師悄聲說道：「此事就只有你知道而已，絕不能再說給其他人聽，不然，我可是不會放過你的唷......」

剃頭師詫異地睜大了眼睛，接著便連聲稱「是、是、是」地猛點頭。

朱秋這才心滿意足地撐首一甩髮辮，躺回了竹榻，闔上了眼，說：「剃頭吧！」

但剃頭師實在是太震驚了，他壓根兒也沒想到朱秋竟然就是「盜俠」，仍一臉愕然地站在原地。

只不過，他剛剛在朱秋面前還表現出由衷地佩服，但此刻卻像是變了一個人似的，晦暗的眼神下似乎正在盤算著什麼？

這時，他嘴角露出一絲冷酷的笑容，緩緩地舉起了剃刀，在陽光下閃耀出燦爛的金光。

接著就往朱秋的頸項一劃！

隨著鮮血的噴濺，朱秋喉間發出一陣格格聲響，他睜開了眼想要說話，但血卻不斷的自喉頭的切縫翻湧而出，

鳳山平成砲台

使他只能惡狠狠的盯著剃頭師，死不瞑目地仰躺在竹榻上。

朱秋死了。

他死了。

剃頭師在一旁眼睜睜看著他死的。

但也早已嚇得渾身癱軟，萎然跪地。

一直等到確定朱秋真的已經氣絕身亡，他才慢慢起身，瞧著躺臥在血榻上的朱秋說：「你可別怨我，因為天底下沒人會把送上門的財富往外推的，所以這是你自找的，怨不得誰。」

就這樣，朱秋被朋友出賣，慘死刀下。

而剃頭師將其殺害後，隨即報官領賞，經查驗核對那串鑰匙，確定是陳員外家的，才證實朱秋就是「盜俠」無誤。

但按照當時官府處置江洋大盜的慣例，仍需將朱秋懸首示眾多日，才能准許家屬前往收屍，所以等到官府通知朱秋的妻子到府城領回屍首，已經是數天之後的事了。

而且從府城到後庄路途遙遠，因此，當她帶著朱秋的靈罈回到後庄時，天色已經很晚了，加上當地有死人入夜後不能進庄的忌諱，所以她也只好先暫時將靈罈放在村莊路口的林投樹下，自己就先回家打點後事了。

到隔日一早天亮，她跑來想取回靈罈，沒想到靈罈竟不見了，而原本放置的地上已變成一堆蟻坵，她慌張地四處找尋，仍不見下落，在無法可想的情況下，她只好去廟裡擲筊詢問，原來朱秋有意在此安葬，於是朱秋的妻子就為他在林投樹下立碑建墳，後來庄民也感念朱秋之前劫富濟貧的義舉，就為祂蓋了間小廟，敕名「朱伯公祠」。

事隔多年後，到了清道光十七年（西元 1837 年）元月二十六日，曹謹接任鳳山知縣，見當時田地還是常常缺水乾旱，便詢問他所禮聘的幕僚，也就是金門奇士林樹梅，該怎麼解決這樣的情況？

於是林樹梅就向他建議開鑿溝圳，引進下淡水溪（今高屏溪）的溪水來灌溉，如此一來，便可以徹底解除旱象了。

曹謹一聽，覺得甚為有理，便採納了林樹梅的建議，隨即在當年秋天下令動工，從現今高雄市大樹區九曲堂引進高屏溪水，經由曹公舊圳、曹公新圳、鳳山圳、大寮圳、林園圳等五條水圳系統，灌溉包括現今高雄市鳳山區、林園區、大寮區、大樹區、仁武區、大社區、鳥松區、鼓山區、

左營區、楠梓區、三民區、苓雅區、前鎮區、小港區等地，但不巧的是，當時奉祀朱秋的小廟，就正好在預計開鑿曹公舊圳的後庄支圳上。

因此，曹謹開挖到後庄地區，原本計畫是要拆除「朱伯公祠」，讓後庄支圳直接穿越過去。

但沒想到，支圳挖到「朱伯公祠」附近，前一天才挖好的土方，竟又無緣無故崩塌下來，一連幾天都是如此，於是曹謹不敢大意，詢問當地百姓，才得知朱秋乃是救苦濟貧的俠盜義賊。

雖說官賊不兩立，但曹謹仍感念祂生前的義舉，讓當時飽受旱災之苦的鳳山百姓，能暫時得以紓解，才順利度過難關，因此他在焚香祝禱之後，決定從小廟邊繞過，自此之後，開圳便一路順暢，再無阻礙，最後終於完成與中部「八堡圳」、北部「瑠公圳」齊名的「曹公圳」。

而朱伯公祠也因此聲名大噪，經常顯靈庇佑庄民，成為當地的守護神，每年農曆八月十三日朱伯公誕辰，庄民都會準備豐盛的祭品奉祀祂，也讓祂的故事能繼續流傳下去。

鳳山縣令曹謹

血芒果傳說

鳳 山 城 隍 廟

地址：高雄市鳳山區鳳明街 66 號
電話：07-7468360

　　鳳山早年其實並不只是高雄的一個區而已，而是包含高雄的一個縣之名稱。

　　康熙二十三年（西元 1684 年），清廷從鄭克塽手中收回了台灣，將明鄭時期所設的「萬年縣」，劃為「台灣」、「鳳山」兩縣，並把「鳳山縣衙」就設在原本「萬年縣署」的所在地興隆莊埤子頭（今左營）內。

鳳邑城隍廟

王曾公

王曾公

可是當時台灣民變四起，先有康熙六十一年（西元
1722 年）的「鴨母王」朱一貴反清事變，之後又有乾隆
五十一年（西元 1786 年）的林爽文反清事變，都曾攻陷
鳳山縣城，並殺害當時的縣令官員，因此，待林爽文民變
事平後，於乾隆五十三年（西元 1788 年）就將鳳山縣衙
遷至「下陂頭街」，也就是現在的高雄市鳳山區。

由於民間相傳，知縣掌管陽間轄境內大小諸事，而陰
間則由縣城隍判定死後的善惡功過，因此古制設縣，必建
祠奉祀城隍爺，凡地方官就任入境，也必先問卜擇日，親
自向城隍爺告任就職，所以，有縣衙的地方，就一定會有
城隍廟。

故鳳山縣衙既已移至「下陂頭街」，那麼原本設在「興
隆庄」的城隍廟，也就必須一併遷往。因此在嘉慶五年（西
元 1800 年），知縣李丕煜就在鳳山縣衙（今曹公國小）旁，

鳳邑城隍廟龍壁

也就是鳳儀書院的西側，倡建「鳳邑城隍廟」，而原本在「興隆庄」的城隍廟，便成了「舊城城隍廟」，所以全台灣只有鳳山是一縣雙城隍。

但誰知道即使遷城後，鳳山仍是兵燹不斷，先是嘉慶十年（西元 1805 年）發生的「海盜王」蔡牽掠台事變，造成吳淮泗火燒鳳山埤頭城，縣令吳兆麟殉難，到了道光四年（西元 1824 年）又發生許尚、楊良斌反清事變，讓埤頭城再度遭到攻陷。

據《台灣通紀》所載，許尚與楊良斌以知府方傳穟貪污為由起事，遂與蔡雙弼、張仔來、高烏紫、王曾、沈古老、徐紅柑、林溪，以及番人潘老通密謀造反，沒想到消息走漏，許尚遭同莊的朋友劉黃中出賣，未舉事前就被逮，押送至府城。

鳳邑城隍廟大殿

　　而許尚被捕後，眾推楊良斌為首，自稱元帥，佔黃梨山（今高雄大樹區）做為根據地，製刀、杖、旗幟，使潘老通借炮於其舅番通事潘巴能，再以林溪為軍師，王曾為都督，領紅旗隊。李川為正先鋒，鄭榮春為副先鋒，領黑旗隊，蔡雙弼以下皆為頭目，分招賊眾，於十月二十二日夜晚，分西北二路進攻鳳山縣城。

　　還好同知杜紹祈已有防備，與縣令劉功傑協守縣署，並派都司翁朝龍、縣丞嘉植共守義倉。

　　結果，楊良斌率軍殺苦苓門汛兵，自竹圍隙處攻入，先至義倉卻遭翁朝龍伏兵突襲，楊良斌急燃大炮反擊，沒想到卻無法發射，士氣大挫，連忙鳴金收兵，撤軍敗走，退回黃梨山。

　　到十月二十三日，府城聞訊，乃議昭虔、慎彝以城守，

鳳邑城隍爺

鳳邑城隍廟「你來了」匾

左營及安平水師兵守郡，由道台方傳穟率總兵趙裕福、中營游擊楊俊馳援鳳山。

十月二十六日道台方傳穟與總兵趙裕福至埤頭城，先摘了縣令劉功傑的烏紗帽，由杜紹祁回任，亦撤其參將，由翁朝龍代之，然後督導民夫修補圍籬，挖深護城河，還在其中插入竹籤。縣令杜紹祁更召募鄉勇八百名，以四百人守埤頭城，四百人偕官兵前往黃梨山追捕楊良斌。

於是總兵趙裕福遂領大軍包圍黃梨山，但因地勢險要，不敢冒然進攻，所以改採招撫方式，向敵軍心戰喊話，凡決意改邪歸正者，一律免罪。

因此楊良斌的部下紛紛外逃，棄械投降，雖然楊良斌採取種種強硬手段防止部下投降，但是終究無效，最後他見大勢已去，自己也扮成投降的士兵，逃往彰化。

王曾公廟神龕

　　總兵趙裕福見其黨羽既離，黃梨山不攻自破，遂率兵勇搜捕殘羽，之後道台方傳穟、縣令杜紹祁更諭令各鄉守莊，懸重賞緝捕楊良斌及其殘黨，王曾、李川、蔡雙弼等以下全部遭到擒獲，押送至鳳山縣衙，而楊良斌逃至彰化，也遭到縣令李振青逮捕，送至府城，整起事件才宣告平定。

　　於是，押送至鳳山縣衙的王曾、蔡雙弼等人，被縣令杜紹祁判處斬立決，首級則懸掛在城隍廟西側一棵二人合抱的橀仔欉（芒果樹）上示眾，以昭炯戒。從此，這棵懸首示眾的芒果樹，可能受到懸掛王曾這些人的首級影響，每年入夏所結出來的芒果，果肉卻不似一般是金黃色，而是變成了紅色，連切開以後，流出來的汁也是紅色的，好像人的鮮血一般。

　　就這樣，「血芒果」被傳了開來，既使附近的小孩再

怎麼嘴饞，也不敢去摘來吃，老人家更諄諄告誡，少到芒果樹下玩耍，久而久之，遭處斬的死刑犯越來越多，老芒果樹所懸掛的人頭也越來越多，漸漸地，就越來越少人敢在晚上路過城隍廟口，更別說是接近這棵芒果樹了。

直到有一個四處挑著擔賣肉粽的小販，因那一天生意奇差，賣到了晚上還仍有許多肉粽沒賣完，於是走著走著，就走到了城隍廟口來兜售，口中不停的喊著：「燒肉粽，賣燒肉粽喔，緊來買燒肉粽唷！」

沒想到才走過那棵芒果樹旁，就聽到一個聲音說：「我要買燒肉粽……」

小販循聲連忙回過頭，喜道：「要買幾粒？」但四下卻看不到半個人影。

這時他又聽到有人說：「我在這裡，我要買燒肉粽……」

小販環顧四周，卻還是沒看到半個人影，這時聲音又出現說：「我在樹洞裡，你只要把肉粽放進去就可以了，我會把錢丟出來給你。」

小販果然發現芒果樹的樹幹上有一個大洞，聲音就是從那裡傳出來的，於是他半信半疑的將肉粽放了進去，不久，真的就有錢從洞口丟了出來，小販便非常開心的直接回家了。

可是回家之後，小販開始算錢，卻發現從芒果樹那裡收來的錢，竟都變成了冥紙，他非常生氣，覺得自己受騙上當了，於是隔天，他又刻意來到芒果樹下賣肉粽，一聽到樹洞內又有人喊著要買肉粽，他二話不說，便將一顆燒

鳳邑城隍廟陰陽司

得滾燙的鐵球，丟入樹洞內，燙得洞裡的人哇哇大叫。

　　小販見自己報復成功，才心滿意足地離開，卻沒想到就此種下了禍根，因為在那樹洞裡的並不是人，而是凝聚眾多遭斬首斷頭的死刑犯怨氣，所幻化成的「檨仔精」在作怪。

　　這下子，換成「檨仔精」決定反擊，而且要加倍奉還，於是在找到小販的住所後，便開始不斷地糾纏他，小販不堪其擾，不但生意做不下去，最後還一病不起。直到臨終前，小販才向妻子說出，自己是因為買賣肉粽，而得罪了「檨仔精」，才會落得如此下場。

　　結果，等到小販一死，傷心欲絕的妻子，便到鳳山城隍廟申冤，求城隍爺替她作主，為她的丈夫討回公道。

　　因此城隍爺聽到了。

　　祂為避免「檨仔精」繼續為害百姓，決定親自出手收妖。

　　並邀集縣城內所有的神明幫忙掠陣，以防「檨仔精」逃脫。

　　於是透過乩身施展法術，在芒果樹下，一連展開好幾天的鬥法。

　　最後，終於降伏這「檨仔精」，再也無法附身在芒果樹上作怪。

　　可是，這棵芒果樹之後仍會結出流出紅色汁液的芒果，當地居民為杜絕後患，索性便將這棵芒果樹給砍了，並在砍掉原地立當時帶頭的「王曾」碑祭祀，以安撫這些怨靈。

鳳邑城隍廟速報司

鳳邑城隍廟

　　但說也奇怪，王曾公立碑後，對於當地居民們的祈求幾乎是有求必應，似乎有意替自己過往贖罪，也因此吸引了許多人前來祭拜，尤其是過去台灣全民瘋大家樂時期，凡來拜祭求明牌的，幾乎都中過獎，於是這些人為答謝王曾公，就提議要為王曾公集資建廟，更有人提議要將王曾公請入城隍廟內接受香火祭祀，但多次請示城隍爺卻都被拒絕，只好在廟外獨立建廟，但等廟建成後，就再也沒人中過獎了，可能是王曾公已經功德圓滿，修得正果，不能再幫人走偏門取財了。

　　至於，當地居民傳說王曾過去曾是鳳山縣衙中的一位名捕，因行俠仗義、浩然正直的形象，備受村民愛戴，卻在某天執行完任務後，回到縣衙的途中，被數名壯漢偷襲，不幸殉職的故事，應該是受到城隍廟左側另一棵榕樹公的傳聞所影響而誤傳的。

　　據《鳳山縣採訪冊》中，唐塤所著的《鳳山縣榕將軍

記》記載，在道光四年（西元 1824 年）發生楊良斌反清事變後，福建巡撫孫爾準巡視台灣，有鑑於鳳山埤頭城以竹籬圍城的殘破，乃奏准重建興隆莊舊城。

所以由知縣杜紹祁為監督，鄉紳黃化鯉、吳尚新、黃石標及劉仲紳等四人任城工總理，鳩工興建台灣第一座以土石建造的城池。

但沒想到，就在竣工完成後，準備擇吉喬遷時，知縣杜紹祈卻驟然猝逝，眾人認為此乃不祥之兆，以致官員不願遷入，新建的「興隆莊」舊城衙署漸趨荒廢，甚至到了道光十八年（西元 1838 年），曹謹任鳳山知縣時，仍在埤頭城就任，並增建城樓及砲台六座。

可是即便如此，鳳山還是難逃兵燹連連的厄運，就在咸豐三年（西元 1853 年）再度爆發林恭反清事變，埤頭城又被攻破，知縣王廷幹全家被殺，鳳山又再一次陷入烽火之中。

就這樣，林恭戕官據邑一個多月後，道台徐宗幹檄調候補知縣鄭元杰，會同中路游擊夏汝賢率兵攻入埤頭城，林恭不敵敗逃，但仍有未及逃脫者，在縣衙旁的城隍廟前頑抗，攘擠之間，廟前榕樹忽然折落一枝幹，當場壓死了不少林恭的黨羽，也阻斷了其他殘眾的退路，使他們皆為官兵所擒，之後這棵榕樹就被知縣封為「榕將軍」，築小廟祀之，供眾人膜拜，以彰顯其功績。

但不知為何，「榕將軍」明明就是棵榕樹，卻被稱為「松樹公」，到底是筆誤呢？還是另有典故？這就不得而知了。

羅安救萬民

嘉 義 市 保 安 宮

地址：嘉義市西區自由路 245 號
電話：05-2321655

　　話說清代派駐治理台灣的官員，由於都是三年一任，就調回唐山了，所以根本無心治理台灣，而且多是抱著來此大撈一筆的心態，因此貪污舞弊不斷，造成官逼民反，各地盜賊四起，民變層出不窮，加上移民械鬥，駐臺軍力不足，清廷更是疲於應付。

嘉義市羅安廟

羅安聖像

萬善同歸塚

　　而處於動盪不安中的百姓，只好人人自危，靠自己來組織民團鄉勇來捍衛庄里，抵禦盜匪的侵擾，所以當時從福建省金浦縣渡海來台，定居於諸羅城湖仔內庄的羅安，由於體格魁梧，臂力過人，又善技擊，便在農暇之餘，號召諸羅城外八掌溪沿岸四十九個庄頭的民眾組織民團義勇，一起勤習武術，以維護地方治安。

　　因此每逢匪亂，諸羅都能在民兵鄉勇奮不顧身的護境衛鄉之下，倖免於難。

　　或許是名聲太盛，也可能是勢力過於龐大，加上各地盜賊與族群械鬥還是層出不窮，影響地方施政和秩序，但清廷卻不痛定思痛，徹底改善這種三年一任的官派制度，反而實施「使閩人捕閩人首謀」政策，以打壓地方勢力，避免其坐大，以期能易於治理台灣。

　　結果，羅安在一次盜賊侵庄的亂事中，集結鄉勇擊退了群賊，但反被盜匪作賊的喊抓賊，誣指羅安為匪首，而整個湖仔庄就是賊窩，沒想到衙門竟聽信盜匪的說詞，不分青紅皂白便派捕快前來捉拿羅安，羅安自然不服，於是當堂拒捕，也不知是羅安太過勇猛，還是這些捕快太過彆腳，竟完全不是對手，反被羅安打得抱頭鼠竄，逃了回去。

　　所以衙門不敢與其正面衝突，只好改去抓拿湖仔內的庄長，以威脅羅安出面投案，否則將派兵掃蕩湖仔內，消滅全庄。羅安不願看到無辜百姓受他連累，因此決定犧牲自己，以換取全庄人的性命，故後來羅安投案，換回庄長，於清乾隆四十八年（西元 1783 年）十二月慷慨赴義時，他不禁感嘆：「羅安救萬民，萬民無能救羅安。」從此，這句諺語一直流傳於湖仔內庄民口中，而羅安案也由當時擔任福建分巡台灣兵備道的楊廷樺上奏清廷，收錄在《台

羅安廟「功存萬民」匾

案彙錄已集》中。

　　而死後的羅安，葬在八掌溪旁，後來撿骨與一些抗匪義民之骨骸合葬於現今廟址，並立有墓碑及萬善公石碑，直到嘉慶十七年（西元 1812 年），羅安遭誣陷的罪名才獲得平反，並褒揚其保鄉衛民的功績，在墓碑加註「御勒封盛武將軍鎮南侯羅安與眾靈魂」，於是居民感念羅安的恩德，就在墓前另立祠祀之，到了民國八十三年（西元 1994 年）民生南路拓寬，才將原來舊祠移至墓後，並將舊墓碑換下，重新立碑，另在旁興建大廟奉祀，庄民俗稱「羅安公廟」，以供萬民追思。

羅安廟正門

羅安廟

侯安廟

抗日女俠義善姑

尖 山 埤 義 善 堂

地址：台南市柳營區旭山里 6 鄰 61-2 號
電話：06-6231538

　　「求求你們，別打了、別打了……」只見一個已被打得鼻青臉腫的小販，聲淚俱下的跪在地上不斷求饒。

　　「巴嘎野鹿！」沒想到對方粗言惡罵了一聲，仍飛起一腳，把那小販給踢翻了過去。

　　另一人則接著用腳踩住他的頭，使那小販的臉全貼到

尖山埤義善堂

抗日女俠義善姑

尖山埤義善姑

地上，五官也都擠在了一起。

　　即使已經這樣了，還不放過他，又一人仍補上一腳，狠踹在小販的肚子上。

　　直到小販已一動也不動的癱軟在地，他們才啐了一口唾沫，悻悻然地走開。

　　而這三個看似惡霸的人，其實並不是惡霸。

　　但他們卻比惡霸還要惡霸。

　　因為從他們身上所穿的軍裝就可以瞧出，他們正是在「乙未戰爭」中殘害無數台灣人的日本兵。

　　雖然現在戰爭已經結束，日軍以壓倒性的火力佔領了台灣。

　　但台灣人頑強的抗日意志，卻還是不斷地延燒，發動

義善堂牌樓

了許多抗日事件，殺害了不少的日本軍警。

　　因此，日軍在戰後，仍不停地挨家挨戶的搜捕可疑份子，但卻常常藉機四處魚肉鄉民，欺壓百姓。

　　這次也是一樣。

　　所以街上來往的行人，沒有一個人敢伸出援手。

　　更沒有人敢站出來，阻止這樣的暴行。

　　甚至連圍觀的群眾都沒有。

　　深怕稍一逗留，就會惹禍上身。

　　因此大家只敢怒不敢言的匆匆走過。

　　而這一切都瞧在了善姑的眼裡。

　　她心中暗暗的立誓：

定要為台灣人討還一個公道。

於是善姑決定展開她的復仇計畫。

原來，這位名叫「善姑」的姑娘，是個身懷絕技，但藏而不露的女俠。

其實早在「乙未戰爭」一開始，她就打算盡一己之力，來為國效忠了。

但無奈身為一介女流，在行軍打仗上總是有許多不便。

所以，直到戰爭結束，她總是覺得都是因為自己沒有盡到力，台灣才會戰敗的。

因此，善姑這次無論如何都要日軍血債血還，一定要他們嚐嚐她的厲害。

所以，當晚她就換上了夜行裝，悄悄地出現在日軍所強佔為兵營的民宅屋簷上，準備伺機而動。

正好看到有兩個日本兵睡眼惺忪、腳步蹣跚地走來了牆角邊。

這兩人都沒發現善姑就伏在他們頭上的屋簷暗處，便鬆開褲頭準備小解。

也就在此時，平伏在屋瓦上的善姑，緩緩地伸手摸到後腰帶上的匕首握柄。

然後突然翻身躍下，在半空中拔刀廻斬！

待她一落地，那兩人的腦袋瓜子也就跟著一併落下了。

乾淨俐落，絲毫沒有發出任何聲響。

尖山埔義善堂

但她並未停留，直朝他們走來的方向竄去。

黑暗中，她迅速地在廊上奔行，卻一點步履聲都不帶。

不一會兒，便無聲無息地潛入日軍的寢室內。

接著她手起刀落，幾個正熟睡的日本兵，就這樣在夢裡去見閻王了。

善姑剎那間下手，片刻間得手，頃刻間收手，走人。

絕不逗留。

但就在她剛從寢室轉出時，卻恰巧碰上剛下哨正準備就寢的日本兵。

善姑當然不會讓他有出聲的機會。

於是她趁對方還未能反應過來之際，就已經衝了過去！

可是對方雖驚慌的來不及喊救命，卻不見得不會拚命。

因為這可是攸關到自己的生死存亡。

不拚，就死了，就沒命了！

所以他硬抵、死撐。

而他除了硬抵死撐外，還會喊、還會叫、還會求援。

由於這裡離哨所並不遠，因此他這麼一叫，衛兵很快就到了。

一見情況不對，連忙掏出哨子，然後撮唇連吹了幾下。

急促哨音迴蕩在空中。

刺耳又尖銳！

抗日女俠義善姑

更驚動了整營的日軍。

他們紛紛地持槍趕了過來。

走廊兩側立刻湧出五、六十個人來。

燈火剎時間齊亮，將整個夜空照得通明。

他們連忙舉起已上了鏜的槍枝，並將它頂在肩窩瞄向了善姑。

沒想到善姑竟毫不猶豫的朝他們衝來！

原來她早已做好了犧牲的覺悟。

寧可選擇戰死，也不願被擒。

不成功，便成仁。

於是，日軍見她越逼越近，也不得不趕緊扣下了板機。

「砰砰砰！」

幾聲連響之後，在一陣煙硝中，已瞧見善姑被當場擊斃。

然而，即使就算她死了，日軍還是不肯善罷甘休。

並且為查出善姑的身分，揪出同黨，便將她曝屍示眾，以供人指認。

可是，當地百姓害怕日軍報復都來不及了，哪裡還敢去認屍。

所以，一直等到日軍離開後，才有人敢將善姑的屍首解下，就地掩埋。

但為了感念她替眾人打抱不平的義行，當地的百姓便

義善堂註生娘娘

義善堂牌樓

Q 版義善姑

在此處集資蓋了一座簡陋的小廟來奉祀她，但又怕日軍回來找麻煩，才將她稱之為「崎腳公」。

就這樣，一直到了後來民國十五年，也就是大正十五年（西元 1926 年），由於位於新營的鹽水港製糖株式會社（今新營糖廠），欲在尖山埤興建水庫，可是這座小廟就剛好蓋在預定地上。

因此，負責掘砌土方的日本清負組頭太田英一，打算要將此廟拆除。

但在過程中，不是施工用的車輛故障，就是發生一些意外事故，導致工程無法順利進行。

而當地的台灣工人，知道這間廟所供奉的乃是抗日女俠善姑，擔心會得罪神明，更不肯上工。

因此，有人就向太田英一建議，請他向神明誠心祈求，並發誓完工後願將祂移建別處，或許工程就能順利進行。

但太田英一卻表示，如果神明真的靈驗，就保證這些機具和車輛都能啟動，不再故障，他就願意每日前去參拜，並在工程完工後，將祂移建別處。結果，他話才說完，原本那些怎麼發都發不動的機具與車輛，竟馬上都可以順利發動了，於是，他就算再怎麼不願意，為了讓工程順利，不僅得依誓約每天向義善姑參拜供奉，到了民國二十六年，也就是昭和十二年（西元 1937 年），歷時十年工程總算完成，太田英一也得遵照當年的誓約，將小廟遷至現今尖山埤水庫（江南度假村）對面重建。

看來，善姑雖痛恨日本人，但只要是有利於民生的，

仍願意通融，不會太過刻意的為難。

　　而到台灣光復之後，由於小廟也因久歷風雨，早已殘破不堪，當地百姓見狀，便在民國六十三年（西元 1974年），倡議重修擴建，並以善姑愛國義勇之精神，將主神正名為「義善姑」，廟名則敕為「義善堂」。

王爺奶奶
九如三山國王廟

地址：屏東縣九如鄉仁愛街174號
電話：08-7365012

　　三山國王的「三山」，指的乃是中國廣東揭陽市揭西縣河婆鎮北面的三座山，分別為巾山、明山、獨山，而關於三山國王則有不少傳說，流傳最廣的故事，莫過於宋朝太平興國四年（西元979年），三山國王協助宋太宗親征劉繼元，使宋師大捷，因而獲下詔賜封巾山為清化威德報國王、明山為助改明肅寧國王、獨山為惠威弘應豐國王，自此成為廣東地區的主要信仰。

九如三山國王廟

王爺奶奶

　　而位於屏東縣九如鄉九明村的「九如三山國王廟」，又稱「九塊厝三山國王廟」，相傳於明永曆五年（西元1651年）就已有香火奉祀，至清乾隆三十九年（西元1774年）才由地方募資興建祖廟，據《鳳山縣采訪冊》記載：「三山國王廟，一在九塊厝莊，縣東北三十里，屋十一間，乾隆四十三年（西元1778年）陳慶祥募建。」是全台灣歷史最悠久的三山國王廟，目前已被核定為三級古蹟。

　　但九如三山國王廟之所以有名，並不是因袖是台灣歷史最久的三山國王廟，而是因為「九如大王爺娶麟洛徐氏女」的傳說，也就是「王爺奶奶」的故事，才讓其如此聞名的。

　　而這個傳說就得從清嘉慶二十四年（西元1819年）

九如三山國王廟「威震海東」匾

開始說起，當時九如三山國王正舉行繞境出巡，在途經麟
洛庄過北柵老水埤圳的麟洛溪橋時，徐秀桃正與幾位婦女
在溪邊洗衣，由於繞境隊伍鑼鼓喧天，熱鬧非凡，於是徐
秀桃便不經意地抬頭一看，正好見到一位身穿黃袍騎著白
馬從橋上走過的相貌俊美挺拔的男子也正在瞧著她，因此
兩人四目相交，徐秀桃不禁羞紅了臉，逃避似地移開視線，
但已對他心生愛慕，忽低聲脫口說出：「如果能夠嫁給他，
不知該有多好……」

　　就這樣，兩人橋上橋下錯身而過，徐秀桃繼續洗著衣
服，但腦海裡卻不時浮現那男子的身影，總覺得此人超乎
她的想像，似乎並非一般普通男子那樣平凡，讓徐秀桃就
愈發覺得他與眾不同。

　　沒多久，溪上忽然漂來了一個木盒，她用手推開，木

九如三山國王廟神龕

盒又漂了回來，一連幾次都是如此，於是徐秀桃就把它撿起來，打開一看，裡面有一枚戒指，她取出戒指試戴，沒想到竟脫不下來。

自此之後，不知為何，徐秀桃每天茶不思飯不想，一直看著手上的那枚戒指，想著那位俊俏男子，卻日漸消瘦，最後終於病倒在床，昏迷不醒。

然而，就在她恍惚之中，忽看到那俊美挺拔的男子突然現身，並伸手握住徐秀桃的手，語調充滿了熱切，眼神充滿著期望地告訴她說：「吾乃九如三山國王的巾山大王，希望能與姑娘共結連理，成為夫妻，不知妳是否願意？」

原來，徐秀桃看到的那位俊俏男子不是人，而是神，也就是九如三山國王中的巾山大王爺，祂同時也看上了正值花樣年華的徐秀桃，而她所撿到的木盒，正是大王爺要

王爺奶奶定情處麟洛溪橋

送給她的定情之物，且既然已經收下，那就代表願意與大王爺互訂終身。

　　但徐秀桃卻露出靦腆羞赧的表情地回道：「婚姻大事，需媒妁之言，父母之命，小女子不敢擅自作主……」話一說完，便低著頭閃躲巾山大王直視的目光。

　　巾山大王頓時紅了臉，只蚊聲的說：「可是，姑娘不是已經收下本王的定情信物，難道這也不算數嗎？」

　　徐秀桃聽後不覺臉頰飛紅，這也難怪，有男人喜歡、慕戀，對女兒家來說，總是歡喜的事，更何況喜歡上她的還是神。

　　只不過，她雖面露喜色，卻佯作微嗔，蛾首微抬，靨上泛起紅暈，曼聲低語道：「但小女子並不知道那是祢給

王爺奶奶的家

我的定情之物啊⋯⋯」

　　巾山大王把身子靠過來，拉起徐秀桃的手，包在自己的掌裡，接著柔聲問道：「但如果妳知道了，姑娘是收還是不收？」

　　徐秀桃只覺臉上一陣燥熱，一時竟說不出話來。

　　而就在徐秀桃囁嚅著無法表達自己此刻的複雜心情之際，忽聽到巾山大王的背後傳來了一句：「大哥，祢也該適可而止了吧？」

　　突然的出聲，巾山大王連忙擰首轉身，仔細一看，竟是一位跟巾山大王長相差不多的俊俏男子，只見巾山大王頓時皺起了眉頭，直視著來人說：「祢來做什麼？」

　　「我來做什麼？」那人嘿嘿乾笑了兩聲：「我是來阻

王爺奶奶與巾山大王

止祢犯下滔天大錯的，大哥！」

「本王的事，不用祢管！」九如巾山大王則老實不客氣地回了這句話。

但海豐巾山大王卻正容地說道：「祢我本是手足，吾又豈能坐視不管，眼睜睜地看祢繼續錯下去！」

原來此人也是神，而且同樣是與九如比鄰而居的海豐三山國王中的巾山大王爺。

海豐三山國王廟由來最初可追溯到乾隆十六年（西元1751 年），從海豐縣來臺的鄭媽球所攜帶的廣東省潮州府三山國王祖廟香灰，因之後約與九如三山國王廟同時雕刻神像建廟奉祀，所以當初祂們兩尊神像乃為同一塊木頭雕刻而成，就等同雙胞胎一般，皆視對方為兄弟，也正因為

海豐三山國王廟

這樣，九如巾山大王欲娶徐秀桃為妻這等錯事，祂又豈能不聞不問。

　　九如巾山大王望著一臉嚴肅的海豐巾山大王，祂也用著十分認真的表情鄭重說道：「本王是認真的，對秀桃也是真心的，是兄弟就別來攔阻我娶她！」

　　海豐巾山大王圓瞪著眼回道：「大哥，人神聯姻，已違律令，而且祢還不顧此女子陽壽未盡，就想帶她離世，更是犯了天條，是要受到天罰的，祢最好想清楚，別再執迷不悟了！」

　　海豐巾山大王的這一番話既非威脅亦非央求，只是真心誠意地提出建言。對此，九如巾山大王的反應卻完全聽不進去，根本無心接受他的這一番好意，還惱羞成怒說：「好了，夠了，不要再說了，本王心意已決，我就是要娶她，我就是要帶她走，誰也休想阻攔，就算祢也一樣，讓開！」

海豐巾山大王

　　海豐巾山大王了解到九如巾山大王似乎勢在必行，無論如何勸阻都沒法改變祂的心意，也不禁惱怒道：「不讓！」

　　「本王叫祢讓開！」九如巾山大王的語氣已漸見鋒銳。

　　海豐巾山大王看著漸漸繃起了臉孔的九如巾山大王，仍口氣傲慢地說：「我說不讓就是不讓。」

　　九如巾山大王瞅了祂一眼，冷哼道：「好好好，這可是祢自找的！」腰際隨即響起拔劍離鞘的聲音，只見一道銀虹匹練飛起，直朝海豐巾山大王刺去！

　　「大哥你來真的啊！」海豐巾山大王臉色一變，倏地往腰間一探，也拔出一柄亮晃晃的寶劍，格擋住來劍。

　　「鏘」的一聲短兵相接，兩位巾山大王的劍就交錯在

麟洛鄭成功廟

祂們的胸前，相互咬合廝磨著，發出陣陣尖銳地金屬磨擦聲，而祂們也緊盯著對方。

「祢究竟讓不讓開？」九如巾山大王逼視著海豐巾山大王。

「說什麼也不讓！」海豐巾山大王抵受祂的目光回道。

「好，那就休怪我無情！」九如巾山大王眼神閃過一絲兇光，點起了雙方的鬥志。

但他們也都清楚彼此的能耐。

能不能勝得了對方。

誰都沒有把握。

延平郡王鄭成功

於是他們借劍互抵之力，齊向後一翻，兩條人影陡分，但足尖才一沾地，便隨即騰起，飛快地朝對方衝去，「鏘」地一聲，兩劍又交在一起，發出極燦爛的星花來。

可這次相擊乍響，祂們倏地錯身而過，站定轉返，即又交鋒，而且雙方越打越快，出劍越來越多，到後來只見漫空刺眼的劍光遮掩住了身影，映照在一旁徐秀桃眼裡盡是一片亮白的景象，連影子也看不見。

剎那間，九如巾山大王已如大鷹般撲下去，人未落地，劍尖彷彿化做劃破天際的流星，迅若疾電地朝海豐巾山大王迎頭刺了過去。

海豐巾山大王勉強避開，劍鋒擦身而過，閃躲的姿勢雖狼狽，但卻趁勢反擊，朝九如巾山大王的腳踝揮劍斬去。

九如巾山大王忽感覺到自己的右腳踝有股像是白刃滑過的冰冷觸感，於是祂低頭一瞧，只見自己的右腳踝延伸至小腿有一道血紅色的傷痕。

但沒想到九如巾山大王挨了這一劍，傷了腳踝，卻反而令祂更殺紅了眼，每一劍簡直都是在拚命。

而且招招狠、招招歹、也招招毒。

這種打法，幾近瘋狂，每一劍幾乎都是要海豐巾山大王的命，難道九如巾山大王盛怒之下已失去理智、瘋了不成？

九如巾山大王並沒有瘋，祂之所以會這樣做，為的不是別的，只是為了要證明自己是非常愛徐姑娘的。

為了這些，祂真可以不惜一戰、不惜受罰、乃至不惜

開臺聖王之廟

民族正氣

氣作山河

剷潭浪靜人 稱威武柳蛟龍

鹿耳帆飛天 縱英雄平海島

麟洛鄭成功廟正門

一切。

但對兄弟這樣子拚命，這股奮不顧身的狠勁，是不是有點太過了？

所以，即使海豐巾山大王一再相讓，但祂還是照樣衝上來，發狂似地揮舞著劍，像是拿著一把斧頭毫不留情地猛烈砍擊著對手的劍，發出尖銳、難聽的金屬聲震天價響。

就這樣，九如巾山大王一次又一次不斷地砍劈，而海豐巾山大王則一次又一次不停地格擋，但最後海豐巾山大王終於抵不住九如巾山大王的攻擊，「噹」地一聲，劍斷為二。

九如巾山大王喜出望外，連忙趁勝追擊，而這時一旁的徐秀桃再也看不下去了，她雖然明知自己無力阻止，但還是不顧一切地挺身而出，攔在九如巾山大王面前：「住手！」

這一下變生肘腋，急若星飛，九如巾山大王已來不及撤劍回抽，只能即時變招將劍一偏，「唰」地一聲從徐秀桃旁邊擦身而過，嚇得她緊閉著雙眼，但仍可以感覺得到從耳際呼嘯而過的劍風。

劍勢驟止，九如巾山大王趕緊丟下了劍，趨前握住徐秀桃的手，張口結舌地看著她的臉，顫聲嘶問：「妳有沒有被我傷著？有沒有？」

見九如巾山大王傻癡的望著她，徐秀桃芳心如鹿撞，知這是難以控制，但其實也不必按捺的情愫，可她卻將手抽了回來，接著說道：「我沒事，但如果祢真要娶我，就不許再打了，不然我就不嫁給祢了。」

「我答應妳，」九如巾山大王點頭如搗蒜：「妳叫我做

麟洛鄭成功廟池府王爺

什麼我都答應妳，只要妳明白我的心意⋯⋯」

徐秀桃看祂發癡的模樣，不覺玉頰飛紅，以纖指掩唇笑道：「那祢就別再打了，快託人向我父母提親去。」

「慢著，我⋯⋯」海豐巾山大王一聽，正想提出抗議，忽見九如巾山大王卻舉起了一隻手制止，示意祂別說了，才把剛到嘴邊的話又給吞了回去。

接著，九如巾山大王再度輕握住徐秀桃的手，包在自己的掌裡，柔聲地說：「好，本王一定會明媒正娶妳過門的，放心！」

徐秀桃也依偎在九如巾山大王的臂彎裡，將頭靠在祂肩上說：「我等祢⋯⋯」

一旁的海豐巾山大王見狀，知道自己再也制止不了九如巾山大王，只好不太高興地撇過頭去，憤而轉身離去。

可是九如巾山大王並不怪祂。

因為祂不明白，這若不是真的為了愛，就不可能有其他的理由。

可是，從此之後每到廟會，九如王爺乩身起乩時一足會微跛，而海豐王爺乩童所持兵器都會缺損。

但由於徐秀桃一直臥病在床昏迷不醒，徐家兩老請遍了各地的名醫來醫治，卻怎麼治都治不好，也查不出是什麼病因，反而愈來愈嚴重，幾乎已命在旦夕，在束手無策的情況下，徐家只好來到附近的「鄭成功廟」，求助開台聖王能施援手，救救徐秀桃。

而這時，九如巾山大王也透過長治鄉「三座屋國王宮」

的二王爺，請麟洛「鄭成功廟」的開台聖王說媒，畢竟此廟又稱「鄭王公廟」，原為徐俊良在家中所奉祀，等於是徐氏的家廟，所以人不親土親，經祂降乩向徐家兩老說明，他們比較容易接受，也才知道原來王爺出巡那天，徐秀桃就已經被九如巾山大王看上了，而且也已經收下了聘禮，因此王爺要娶她回去，所以她的病是不會好了。

徐家兩老一聽，雖然不捨，但天命難違，只好含淚成全，因此就照開台聖王降乩所指示，在徐秀桃往生之後，未將其屍骨下葬，而是把她放在金甕裡，安置在家園的一棵大楊桃樹下，就這樣徐秀桃便順利在楊桃樹下嫁給了九如巾山大王，成了「王爺夫人」，後人則尊稱她為「王爺奶奶」，徐家人亦稱她為「姑婆」，九如人更稱麟洛人為「阿舅」。

但由於「人神聯姻」是違反天律的，所以九如巾山大王經瑤池金母指點，降乩指示徐家要幫九如巾山大王和王爺奶奶雕塑神像供奉，好讓王爺奶奶有個正式的神位，從此之後，王爺奶奶就成了孩子們的守護神，只要有小孩子生病，到王爺奶奶面前上香祈求平安，都會受到王爺奶奶的眷顧，病情很快就會好轉。

而到了每年的正月初二至正月十五王爺奶奶回娘家時，九如和麟洛這兩個閩粵鄉鎮都會一同舉辦盛大迎送的活動，使得當時原本非常嚴重的閩粵衝突，透過這椿人神聯姻讓雙方有了互動與瞭解，化解了不少族群上的紛爭，甚至後來連建立「海豐三山國王廟」鄭姓家族，也透過捐錢給六堆忠義亭而與客家族群結盟，這才是「王爺奶奶」最功德無量的地方，因此民國一百零三年（西元 2014 年），屏東縣府便將此傳說活動，列入縣定文資民俗活動。

黃驤雲與土地公
里 港 福 德 祠

地址：屏東縣里港鄉永春村永春路 40-3 號
電話：08-7758106

　　來到屏東里港的福德祠，或許會覺得這間廟的土地公，似乎跟一般的土地公有一點點不同。

　　注意到了嗎？

　　就是這尊土地公是戴展腳襆頭的「官帽」。

　　一般來說，土地公是最基層的神明，職位相當於現下的村里長，並不具官職，所以大部分的造型都是頭戴著類似「員外」的布帽，惟有經皇帝冊封（如車城福安宮）或

里港福德祠

里港福德正神土地公

地方子弟有考取功名，土地公才能改戴官帽，象徵地方子弟有所成就，是受到土地公的庇蔭。

而里港福德宮的土地公，可以說是上述的兩項都有。

據福德祠的沿革所記載，其源起溯於清雍正十一年（西元 1733 年），但當時應該只是間不起眼的小廟，一直到了清道光九年（西元 1829 年），美濃竹頭角出了一名進士黃驤雲，才將福德祠改建為一座三間起造的廟宇，土地公並改戴官帽，正殿前還豎有一座八角旗竿台，土地公外巡可乘八抬大轎，而文官、武官到此，需下轎下馬參拜。

其緣故就在於里港福德宮的土地公，曾幫助過進士黃驤雲。

黃驤雲，本名定傑，小名今團，榜名龍光，字雨生，美濃人，少時肄業福州鰲峰書院，嘉慶二十四年（西元 1819 年）高中舉人，之後又繼續在府城求學。

有一日，他從府城返鄉途中，行經里港時，忽遇滂沱大雨，黃驤雲急忙躲入福德祠中避雨。無奈，當時福德祠非常簡陋，廟外下著大雨，廟內也到處滴落著小雨，於是黃驤雲趕忙躲進神案桌下，口裡並唸唸有詞地祈求土地公保祐，希望別讓雨水淋濕了他的書籍。

　　因為那時的書冊若是被雨淋濕，不僅書內的字墨暈開會變得模糊難辨，紙張更會沾粘在一起，若是這樣的話，書毀了，黃驤雲也就沒書可唸了。

　　所以，黃驤雲寧願自個兒淋濕，也不願書冊淋到任何一滴雨，而土地公也似乎聽到了他的祈求。

　　等雨停了，黃驤雲雖早已淋得渾身濕透，但奇蹟的是，他的書冊卻絲毫無損，連一滴雨都沒淋到，黃驤雲因此相當感謝土地公，在焚香祝禱後，承諾若金榜題名，定為土地公蓋廟建祠。

　　就這樣，黃驤雲返鄉後，繼續發奮苦讀，終於在日後赴京考取了進士功名，當時他進宮面聖，道光帝當場殿試，黃驤雲不僅對答如流，且出口成章，道光帝才知道這位來自台灣的黃驤雲，是個飽學之士。

　　但黃驤雲卻不居功，他把所有功勞都歸於土地公，而道光帝聽了也感到相當好奇，於是黃驤雲這才特別向道光帝奏明了這段往事。道光帝聽得津津樂道，龍心大悅，因此特別欽賜官帽一頂和官服、官旗各一，由黃驤雲帶返回鄉，敕封土地公。

　　所以，莫看鄉間的小廟不起眼，小隱隱於野，大隱隱於市，反而是這樣的小廟才充滿著傳奇。

里港福德祠神龕

里港福德祠註生娘娘

里港福德祠武判官

TAIWAN MAGIC TEMPLE STORY

【作者】：劉自仁

信箱：ryo120625@yahoo.com.tw

部落格：http://classic-blog.udn.com/ryo120625

【出版】：大笑文化有限公司

【校對】：林組明、何錦雲、洪大

【初版】：2019 年 05 月

【定價】：新台幣 250 元

【ISBN】：978-986-95723-7-8

台灣奇廟故事 / 劉自仁作 . -- 初版 . --
桃園市：大笑文化 , 2019.05
面； 公分
ISBN 978-986-95723-7-8(平裝)
539. 533 108005816